Dathanna agus Cruthanna

formes et couleurs · colours and shapes · colores y formas

Scríofa agus Maisithe ag Ciara Ní Dhuinn

Do Eliana le grá. Mamaí

Ciorcal gorm

Triantán dearg

Triangle **rouge** | **Red** triangle | Triángulo **rojo**

Réalta oráiste

Étoile **orange**

Orange star

Estrella **anaranjada**

Diamant corcra

Croí bándearg

Coeur **rose**

Pink heart

Corazón **rosado**

Bosca donn

Boîte **marron** | **Brown** box | Caja **parda**

Corrán buí

Croissant **jaune** | **Yellow** crescent | Media luna **amarilla**

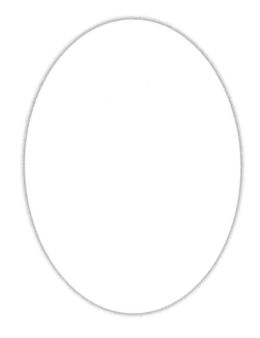

Ubhchruth bán

Bláth glas

Fleur **verte** | **Green** flower | Flor **verde**

Damhán alla dubh

Araignée **noire** | **Black** spider | Araña **negra**

Ciorcal gorm

Triantán dearg

Réalta oráiste

Bosca donn

Corrán buí

Ubhchruth bán

Diamant corcra

Croí bándearg

Bláth glas

Damhán alla dubh

	Francais	English	Español
●	Cercle **bleu**	**Blue** circle	Círculo **azul**
▲	Triangle **rouge**	**Red** triangle	Triángulo **rojo**
★	Étoile **orange**	**Orange** star	Estrella **anaranjad**
◆	Diamant **pourpre**	**Purple** diamond	Diamante **púrpura**
♥	Coeur **rose**.	**Pink** heart	Corazón **rosado**

	Francais	**English**	**Español**
	Boîte **marron**	**Brown** box	Caja **parda**
	Croissant **jaune**.	**Yellow** crescent	Media luna **amarilla**
	Ovale **blanc**	**White** oval	Óvalo **blanco**
	Fleur **verte**	**Green** flower	Flor **verde**
	Araignée **noire**	**Black** spider	Araña **negra**

Foilsithe ag Cló Mhaigh Eo,
Clár Chlainne Mhuiris,
Co. Mhaigh Eo,
Éire.
www.leabhar.com
094-9371744 / 086-8859407
ISBN: 978-1-899922-75-8

Dearadh: raydes@iol.ie
Clóbhuailte in Éirinn ag Clódóirí Lurgan Teo.
Aithníonn Cló Mhaigh Eo tacaíocht Fhoras na Gaeilge i bhfoilsiú an leabhair seo.

Foras na Gaeilge